AF260072

UN
DERNIER MOT

Prix : **10** centimes

PARIS

33, rue de Seine, 33

1877

UN

DERNIER MOT

Le moment approche où nous aurons un grand droit à exercer et un grand devoir à remplir.

Des élections générales vont avoir lieu.

Jamais le suffrage universel n'aura eu à manifester sa volonté dans des circonstances plus graves et plus solennelles. L'arrêt qu'il rendra peut avoir sur l'avenir du pays une influence décisive : heureuse ou néfaste.

Avant d'aller au scrutin, recueillons-nous ; rappelons à notre pensée des faits qui sont d'hier, interrogeons-les ; contre les candidats républicains d'autres candidats se lèvent, demandons-nous quelles seraient les conséquences de leur triomphe.

Et, cela fait, prenons notre résolution.

*
* *

Il y a quatre mois, la France jouissait d'un calme profond; elle travaillait, elle s'enrichissait, elle avait foi dans un avenir pacifique et prospère; par les efforts qu'elle avait faits pour sortir de l'abîme où l'Empire l'avait précipitée, elle s'était acquis l'estime des nations étrangères.

Et voici qu'un jour un acte imprévu brise le ministère républicain qui avait les sympathies du pays, une majorité énorme dans la Chambre des députés, et qui n'avait jamais été mis en minorité au Sénat.

Aussitôt tout change : plus de travail, plus d'affaires; ceux qui toute leur vie avaient appelé la République de leurs vœux et ceux qui s'y étaient ralliés, voyant en elle le seul gouvernement désormais possible en France, sont consternés ; les légitimistes, les orléanistes, les bonapartistes, les partisans de la domination cléricale, se réjouissent et poussent des cris de victoire ; l'Europe se défie.

Voilà les conséquences immédiates du 16 mai.

*
* *

Pourquoi le ministère choisi quelques mois auparavant par le Président de la République a-t-il été congédié?

C'est, dit-on, parce qu'il n'était pas assez fort pour résister à l'influence des radicaux.

Or le cabinet avait pour lui tous les députés républicains sans distinction de couleur ou de nuance, et par conséquent toute la gauche modérée et tout le centre gauche.

*
* *

Un nouveau cabinet est formé.

M. de Broglie, qui fit le 24 mai et qui mena les tentatives de restauration de la monarchie des Bourbons, en est le chef,

On y voit figurer des légitimistes, des orléanistes, des bonapartistes.

On y cherche vainement un républicain.

Dans le message lu par les ministres aux deux Chambres, le Président déclare qu'il est fermement décidé à maintenir les institutions du pays; et, chose étrange! c'est aux mains d'ennemis du régime républicain que le gouvernement de la République est remis.

*
* *

Le message présidentiel proroge la Chambre des députés pour un mois.

Les députés républicains se réunissent et rédigent un manifeste.

« Nous vous appelons, disent-ils aux électeurs, à prononcer entre la politique de réaction et d'aventure, qui remet en question tout ce qui a été si péniblement gagné depuis six ans, et la politique sage et ferme, pacifique et progressive que vous avez déjà consacrée. »

Les sénateurs républicains, dans une

courte déclaration, expriment la conviction que le Sénat ne s'associera à aucune entreprise contre les institutions républicaines; « ils résisteront avec énergie à une politique menaçante pour la paix publique. »

*
* *

A peine la Chambre des députés est-elle prorogée, que les fonctionnaires républicains les plus modérés sont impitoyablement révoqués.

Tels ministres, tels préfets et tels sous-préfets : des légitimistes, des orléanistes, des bonapartistes, pour administrer la République!

*
* *

Le 16 juin, la Chambre des députés et le Sénat se réunissent.

Avant toute délibération, lecture est donnée aux sénateurs d'un message du Président de la République demandant la dissolution de la Chambre des députés; aux députés, d'une déclaration annonçant la demande adressée au Sénat.

*
* *

Dès le 16 mai, on voulait la dissolution de la Chambre; cela résulte clairement du message du 16 juin.

Au lieu de la demander au Sénat le 16 mai, pourquoi seulement proroger la Chambre?

Parce que les nouveaux conseillers du pouvoir exécutif, les hommes qui s'étaient imposés au pays le 18 mai, s'étaient dit que la tâche qu'ils entreprenaient était une lourde tâche, et qu'avec un mois de plus on pourrait faire beaucoup pour arracher à la nation, le jour où il faudrait enfin la consulter, le désaveu de ses votes passés et l'abdication de sa volonté. Et puis, était-il téméraire d'espérer que la longue attente amènerait une lassitude qui aurait raison de bien des résistances?

Et le cabinet s'était décidé à gagner un mois, c'est-à-dire à faire perdre un mois à la France.

*
* *

On sait quelle fut au mois de juin, à la

Chambre des députés, l'attitude de la majorité républicaine, et quelle fut celle de la minorité et du cabinet. Les sages, éloquents et patriotiques discours de MM. Bethmont, Gambetta, Jules Ferry, Léon Renault, sont présents à toutes les mémoires. On n'a pas oublié non plus les pauvres réponses des ministres et les ignobles violences de quelques-uns de leurs champions.

Un ordre du jour déclara, à la majorité de 363 voix contre 158, que le ministère n'avait pas la confiance de la nation.

*
* *

Entre le ministère et les représentants du pays, le suffrage universel allait être appelé à prononcer.

La demande de dissolution de la Chambre des députés fut accueillie par le Sénat. La majorité fut de 19 voix. Dix voix déplacées, et le ministère, dès alors, était renversé, renversé par le Sénat.

Dix-neuf voix de majorité! et un des sénateurs qui s'étaient abstenus déclarait

que plusieurs de ceux qui avaient accordé
au pouvoir exécutif ce qu'il sollicitait
d'eux avaient voté « la mort dans l'âme ».

*
* *

Pourquoi avait-on dissous la Chambre
des députés?

Était-elle sortie de ses attributions?

Non.

S'était-elle insurgée contre les droits
du Sénat?

Non.

Avait-elle empiété sur les pouvoirs du
Président?

Non.

Pouvait-on lui reprocher un de ces actes qui seuls, dans les pays constitution-
nels, républiques ou monarchies, sont
considérés comme donnant lieu à l'exer-
cice du droit de dissolution?

Non.

Aussi la dissolution de la Chambre des
députés causa-t-elle, même à l'étranger,
un étonnement profond, et y fut-elle ap-

préciée avec une sévérité extrême, même par les journaux conservateurs.

*
* *

Quelle accusation était donc portée contre la majorité de la Chambre?

Celle de rendre inévitable l'avénement du radicalisme, et de préparer ainsi la ruine de nos grandes institutions administratives, judiciaires, financières et militaires.

*
* *

Quels votes de la Chambre avaient pu inspirer raisonnablement de pareilles appréhensions?

*
* *

La Chambre avait rejeté, par 442 voix contre 80, la proposition d'amnistie entière pour les insurgés de la Commune. Une majorité considérable avait repoussé une motion d'amnistie partielle.

Était-ce là se montrer favorable à la démagogie?

*
* *

La Chambre n'avait pas supprimé un seul des rouages de l'administration, pas touché à un seul des ressorts qui font mouvoir cette machine compliquée ; elle avait maintenu entre les divers fonctionnaires les règles hiérarchiques anciennes ; au plus humble comme au plus élevé des administrateurs elle n'avait ôté ni un droit, ni une attribution, ni une prérogative.

Était-ce là préparer la ruine des institutions administratives ?

*
* *

Elle avait augmenté la solde des sous-officiers ; elle n'avait pas retranché un seul des crédits demandés pour la réorganisation de l'armée, pour les approvisionnements des arsenaux, pour la mise en état de défense des frontières, pour la marine. La commission chargée d'examiner une proposition de réduction du service militaire à trois années avait conclu au rejet de cette proposition.

Était-ce là préparer la ruine de nos institutions militaires?

* * *

Elle n'avait pas porté une seule loi qui modifiât en quoi que ce fût l'organisation, la compétence des tribunaux et la situation des magistrats.

Était-ce là préparer la ruine de nos institutions judiciaires?

* * *

Pas une seule loi, non plus, qui constituât le moindre changement au mode de perception de l'impôt ou à la gestion des finances de l'État.

Et M. Gambetta, l'homme en qui l'on personnifiait les passions radicales de la Chambre, s'était exprimé ainsi dans l'allocution qu'il avait prononcée à l'ouverture des travaux de la commission du budget, dont il était le président :

« Nous avons voulu entrer dans la commission du budget pour nous mettre face à face avec les réalités, étudier de plus près les détails de notre régime financier, sans illusion et sans précipitation. Uniquement inspirés par l'esprit d'économie, de maturité et de sage réforme, nous nous garderons de rien livrer à l'aventure, persuadés qu'en ces délicates matières on ne devance ni le temps ni l'opinion. »

Était-ce là préparer la ruine de nos institutions financières?

*
* *

La Chambre continuant à siéger, c'était, d'après le message du 16 juin, toutes les forces morales et matérielles de la France menacées de désorganisation, quand viendrait le jour où la Constitution pourrait être revisée.

Était-ce donc travailler à la désorganisation morale et matérielle du pays que de repousser comme dangereuses ou prématurées des innovations consacrées par la législation de pays monarchiques;

De prodiguer les millions pour assurer

l'inviolabilité du sol de la patrie, pour rendre l'armée plus instruite et plus forte;

D'augmenter de près d'un million et demi le crédit des universités de l'État; de 635,000 francs les allocations aux lycées et colléges communaux; de près de quatre millions le budget de l'instruction primaire, dont trois millions destinés à venir en aide aux communes pour construction et réparation de maisons d'école;

De demander l'instruction primaire gratuite et obligatoire;

De proposer des mesures assurant la régularité du payement des instituteurs, l'élévation du traitement des institutrices dans les petites communes, l'augmentation du minimum de la retraite des instituteurs et des institutrices;

De préparer des projets de lois tendant à faciliter aux départements l'exécution des chemins de fer d'intérêt local, à reboiser les montagnes, à organiser dans les campagnes l'assistance médicale;

De proposer la codification des lois de façon à en rendre l'application plus sûre et plus aisée?

Or, ces votes qu'on vient de rappeler, qui les avait émis? Ces projets de lois, qui en avait pris l'initiative?

La Chambre des députés, cette Chambre où le pays était fidèlement représenté par une immense majorité républicaine.

* * *

Le message ne reprochait pas ouvertement à la Chambre d'avoir juré la perte de la religion; mais ce que ne disait pas le message, les journaux qui applaudissaient au message le disaient hautement.

Eh bien, cette assemblée impie, cette assemblée ivre d'un fanatisme antireligieux, elle avait repoussé à une énorme majorité la suppression du budget des cultes et la suppression des Facultés de théologie; elle avait voté le maintien d'un ambassadeur français auprès du pape; elle avait voté 164,000 francs pour le traitement des cardinaux, archevêques et évêques; 39,864,045 francs pour le traitement du clergé et des chapitres, ce qui constituait une augmentation de 200,000 francs sur les budgets précédents; 1,032,200 francs pour les bourses des séminaires; 887,000 francs pour pensions et secours; 105,000 francs pour secourir divers établissements religieux: 611,200 francs pour le service intérieur des édifices diocésains; 800,000 francs pour l'entretien de ces mêmes édifices; 2,000,000 pour acquisitions et constructions; 1,080,000 francs pour diverses cathédrales; 3,150,000 francs pour secours aux églises et presbytères. Soit 53,500,000 francs, alors que le budget de l'instruction publique ne s'élevait qu'à 49 millions de francs.

* * *

Tels étaient les actes de cette majorité dénoncée comme un danger pour tout ce qui est respectable et sacré, comme un fléau pour la patrie.

Un manifeste adressé au peuple français a renouvelé les accusations formulées dans les deux messages.

On y lit aussi que la Chambre en était venue à contester l'influence légitime du Sénat et à méconnaître la part d'autorité qui appartient au président de la République.

Quel fait à l'appui de ces deux imputations?

Aucun.

Sur une grave question qui engageait les droits de la Chambre, il y avait eu désaccord entre les deux Assemblées. L'une des deux avait cédé. Laquelle? La Chambre des députés.

Proposer des lois, promulguer celles qui ont été votées par la Chambre des députés et le Sénat, nommer à tous les emplois civils et militaires, disposer de la force armée, négocier et ratifier les traités, faire grâce, prononcer la clôture des sessions législatives, convoquer extraordinairement les Chambres, dissoudre la Chambre des députés sur l'avis conforme du Sénat, provoquer la révision de la Constitution, tels sont les droits et les attributions du président de la République.

Les assemblées législatives ne peuvent méconnaître son autorité qu'en usurpant quelqu'un des droits ou quelqu'une des attributions qui viennent d'être énumérées, ou en s'opposant à ce qu'il les exerce.

La Chambre dissoute l'avait-elle fait? Jamais.

*
* *

Et son président, M. Grévy, le républicain ferme et modéré par excellence, put en toute vérité lui rendre ce témoignage que, dans sa trop courte carrière, elle n'avait pas cessé un seul jour de bien mériter de la France et de la République.

*
* *

On déclare très-haut qu'on veut maintenir les institutions existantes et qu'on fait appel aux modérés de tous les partis.

Qu'est-ce que les institutions existantes, sinon la République?

C'est donc la République qu'on veut maintenir.

Pour maintenir la République on compte

sur la Chambre qui sortira des élections prochaines.

Et l'on désigne les candidats dont on souhaite le succès.

Parmi ces candidats, y a-t-il un seul républicain, si modéré qu'il soit?

Pas un seul.

Ce sont tous des légitimistes, des orléanistes, des bonapartistes, et parmi eux se rencontrent ceux qui ont été les plus ardents, les plus violents, les plus injurieux adversaires de la République.

Ces candidats agréables au Gouvernement, désignés par lui, appuyés par ses agents, à qui les oppose-t-il?

A des républicains.

*
* *

Quels sont les vœux des hommes parmi lesquels le Gouvernement a pris ses candidats, quels sont leurs sentiments et leurs pensées?

*
* *

Ceux-ci : les légitimistes maudissent la

Révolution française, cette grande Révolution qui nous a donné l'égalité devant la loi, la liberté civile et la liberté religieuse; qui a détruit les castes, le droit d'aînesse, les servitudes humiliantes assujettissant l'immense majorité de la nation à quelques millions de privilégiés. Ils sont les champions du pouvoir temporel des papes, les zélateurs de la grande croisade ultramontaine contre l'esprit moderne, les organisateurs des pèlerinages où l'on chante

> Sauvons Rome et la France
> Au nom du Sacré-Cœur.

Ils veulent mettre sur le trône le dernier descendant des Bourbons de la branche aînée, le petit-fils de Charles X, Henri V, dont la mère essaya de rallumer la guerre civile en Vendée; Henri V, qui veut remplacer le drapeau tricolore par le drapeau blanc semé de fleurs de lis; Henri V, qui, tout récemment encore, louait hautement, dans une lettre rendue publique, un évêque dont la loi suprême était le *Syllabus*, et qui demandait, il y a quelques années, que le Gouvernement prît parti pour le pape, au risque de jeter la France dans une guerre avec l'Italie.

*
* *

Ceux-là, les orléanistes, — si l'on peut vraiment dire qu'il en est encore après que les princes d'Orléans se sont effacés de la scène politique, — sont les hommes qui restent attachés à des préjugés de classe et à un système que repoussent à la fois et les idées et les mœurs de la France moderne. Les orléanistes! On réunissait naguère sous ce nom tous ceux qui cherchaient à concilier avec la monarchie le principe de la souveraineté nationale et le sentiment de la liberté. Mais aujourd'hui que les révolutions ont brisé les traditions et les fictions monarchiques, ceux qui s'attachaient surtout à la liberté ont compris que ses défenseurs ne pouvaient plus en assurer le règne que par les institutions républicaines, et que la meilleure des républiques n'était plus, comme on avait pu le dire en 1830, la royauté constitutionnelle, mais bien la République elle-même. Les autres, — et c'est parmi eux que le gouvernement a choisi quelques-uns de ses candidats, — sont ceux qui n'ont pas su prendre une résolution dont le patriotisme leur faisait un devoir; ceux qui, sous l'empire, faisaient, avec les légitimistes et les républicains, une opposition ardente, une guerre sans relâche à l'empire, et qui aujourd'hui, oubliant leur propre passé, cédant à l'on ne sait quel sentiment pusillanime, n'ont plus le courage de déployer leur drapeau, ne savent plus dire non au comte de Chambord et aux cléricaux, et mettent leur main dans les mains qui les ont pris au collet et jetés à Mazas en 1851. Que sont-ils dans le pays? Rien, ou presque rien. Que veulent-ils? On ne le sait pas; ils ne le savent pas eux mêmes.

*
* *

Et les bonapartistes, quels sont-ils? Ce sont les hommes qui ont fait le coup de Décembre ou qui y ont applaudi; qui ont emprisonné, exilé, transporté d'honnêtes gens dont le seule crime était d'être républicains ou libéraux, ou qui ont approuvé les proscripteurs et se sont ralliés à eux; ce sont les hommes qui, par leur servilité, ont encouragé l'Empire à commettre toutes les fautes; insulté les quelques députés courageux qui essayaient de conjurer la funeste guerre de 1870; outragé, hué, menacé du poing M. Thiers lorsqu'il les suppliait de ne pas précipiter à la légère le pays dans une épouvantable aventure, et d'épargner le sang des enfants de la France, et qui, le lendemain de Sedan, abandonnaient et reniaient dans sa chute le gouvernement à qui ils avaient juré un dévouement passionné; ce sont les hommes qui plus tard, lorsque la République eut payé la rançon et libéré le sol de la patrie, réorganisé l'armée, fait renaître le travail et reconquis pour la France l'estime et le respect de l'étranger, se relevaient arrogants et cyniques, s'insurgeaient contre le vote des représentants du pays qui avait déclaré la déchéance de l'Empire, et ne craignaient pas d'appeler le retour d'un régime tombé dans la honte et le sang. Ils veulent livrer la France à celui qu'une nécessité implacable condamnerait à continuer l'œuvre de Napoléon III, le conspirateur de Strasbourg et de Boulogne, le président de la République qui égorgea la République, le parjure qui, pour régner, fit tuer des vieillards, des femmes, des enfants, envoya de bons citoyens par milliers à Cayenne et à Lambessa, ferma la France aux plus illustres Français; celui qui ruina par la guerre du Mexique nos ressources militaires, déclara la guerre à la Prusse lorsque nous n'étions pas prêts, ne sut pas la faire; sacrifia Paris pour sauver sa dynastie, enfin nous laissa pour dernier souvenir de son règne l'épouvantable folie qui nous a infligé l'humiliation des plus cruelles défaites et des plus dures capitulations; qui nous a coûté 100,000 jeunes hommes tombés sur les champs de bataille, 20,000 soldats ou officiers morts en captivité au delà du Rhin, presque tout notre matériel en fusils, en canons et en munitions, deux

de nos plus belles provinces, Strasbourg
et Metz, nos deux plus fortes places, cinq
milliards de dépenses de guerre et cinq
milliards d'indemnité, et qui a fait peser
sur nous d'énormes impôts dont la géné-
ration qui nous succède aura encore à
supporter le fardeau.

Le père ayant fait tout cela, les bonapartistes trouvent juste que le fils règne,
et en maître absolu, en despote. Napoléon III est mort, vive Napoléon IV !... Et
que la France périsse !

*
* *

C'est pour assurer la victoire des candidats légitimistes, orléanistes, bonapartistes, que l'administration a été boule-
versée, que les républicains ont été
chassés des préfectures et des mairies ;
les journaux qui défendent la République
traités en ennemis, ceux qui l'attaquent
laissés impunis ou favorisés ; c'est pour
cela que la candidature officielle, une des
hontes des régimes passés, a été ressus-
citée.

*
* *

Supposez-la triomphante cette fois, comme elle le fut si longtemps pour notre malheur, pensez-vous que les vainqueurs ne songeront qu'à s'unir pour faire vivre la République dont ils ont été jusqu'ici les impitoyables adversaires? Vous ne vous attendez pas, sans doute, à un pareil miracle. Non, ce sera fatalement la lutte pour le pouvoir entre la légitimité et l'empire, les orléanistes combattant pour ceci ou pour cela, peut-être pour ceci et pour cela tour à tour; ce sera la continuation d'une crise funeste, le travail paralysé, le progrès, sous toutes les formes, arrêté; la France affaiblie, appauvrie, abaissée.

*
* *

Que la légitimité l'emporte, et l'on verra sortir comme des revenants, du tombeau où on les croyait descendus pour jamais, la haine et la peur de la liberté, les priviléges du nom et de la naissance, l'esprit d'ignorance, l'intolérance reli-

gieuse, la domination du clergé. C'est
1789 effacé de l'histoire.

*
* *

Que l'empire soit le plus fort, et voilà
revenu le règne de la violence, de la
fraude, de la corruption, du parjure. Le
Deux Décembre remonte sur le trône, et
Sedan est couronné.

*
* *

Empire ou royauté, c'est la guerre;
guerre civile, guerre étrangère, déchire-
ment et démembrement de la patrie.

*
* *

Il dépend de nous de rendre impossible
la victoire de l'empire ou celle de la
royauté, et de ne pas perdre le fruit de
cette sagesse que nous recommanda le
grand citoyen à qui nous avons fait de si
belles funérailles, dont le souvenir nous
encourage et nous soutient, dont la pensée
vivante dans les admirables pages qu'il
nous a léguées et que nous avons lues
avec attendrissement et respect, nous
éclaire et nous anime; il dépend de nous
de réduire pour toujours à l'impuissance

et de faire rentrer dans l'ombre les hommes qui le renversèrent parce qu'il gênait leurs projets, et qui, sans pitié pour celle qu'il appelait « la noble blessée », n'ont cessé de fatiguer la France de leurs intrigues; il dépend de nous qu'échappant à leur funeste domination et aux mains maladroites et brutales des subalternes qui la traitent en pays conquis, n'ayant plus rien à redouter de leurs pernicieux conseils, cette France aimée respire enfin, retrouve le repos, reprenne possession d'elle-même, et que, libre, après tant de luttes, et assurée de l'avenir, elle soit bientôt, grâce à la République affermie, plus heureuse et plus forte, plus honorée et plus aimée au dehors qu'elle ne le fut jamais.

Pour affermir la République, que faut-il? Une chambre républicaine.

*
* *

En votant pour des candidats républicains ferons-nous des élections « hostiles », comme le dit le manifeste? Non. Lorsqu'ils usent du droit qui leur appartient de choisir leurs mandataires, de bons citoyens n'ont d'autre souci que d'obéir à leur conscience et à leur raison.

Qu'on s'en souvienne, il n'est en France qu'un souverain, souverain pacifique et tout-puissant; nul, si ce n'est lui, n'a le droit de parler en maître : c'est la Nation ; et seules mériteraient d'être qualifiées d'hostiles — hostiles à la Nation — des tentatives qui n'iraient à rien moins qu'à faire prévaloir une autre autorité contre la sienne.

*
* *

Que peuvent signifier ces prévisions alarmantes d'un conflit aggravé entre les pouvoirs publics, de crises, d'agitation, après le verdict du suffrage universel? Que parle-t-on de gouverner avec les fonctionnaires de combat, en s'appuyant sur le Sénat, si la Chambre des députés n'est pas telle qu'on la souhaite?

Qu'on daigne lire la Constitution.

Sans une Chambre des députés, le Sénat ne peut siéger.

Sans une Chambre des députés, pas de

lois, pas de budget, c'est-à-dire pas de gouvernement possible.

Voudrait-on dire qu'on obtiendrait du Sénat une dissolution nouvelle?

Qui oserait l'espérer?

Qu'importerait d'ailleurs?

De nouvelles élections suivraient cette dissolution nouvelle, et alors comme maintenant, inébranlables dans cette conviction que la prospérité et la grandeur de la France sont attachées à l'existence de la République, vivante expression de la souveraineté nationale, nous ferions notre devoir.

Mais à quoi bon s'arrêter à de vaines suppositions?

Disons-nous qu'il est un moyen, et qu'il n'en est qu'un seul, de conjurer les agitations, les crises funestes et les révolutions, c'est de faire ce que la patrie attend de nous, ce que nos plus chers intérêts et notre dignité de citoyen nous commandent, c'est d'assurer les destinées de la République.

Votons pour des candidats républicains!

Paris, imprimerie Jouaust, rue St-Honoré, 338.